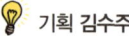 **기획 김수주**

이화여자대학교에서 물리학을 공부한 뒤, 어린이들에게 읽는 즐거움을 주는 책을 꾸준히 만들고 있습니다.
이 책을 기획하면서 과학으로 문제를 해결하는 세 아이의 멋진 모습에 푹 빠지게 되었답니다.
기획한 책으로 《인간을 받아 줄 행성 어디 없나요?》 〈서바이벌 융합 과학 원정대〉 시리즈,
지은 책으로 《생활 속 수학 공부》 《콜록 홈즈의 과학 수사 X파일》 들이 있습니다.

 글 조인하

숙명여자대학교에서 화학을 공부한 뒤, 출판사에서 오랫동안 어린이를 위한 지식책을 만들었습니다.
이 책은 초등학생들이 가장 어려워하는 수학을 어떻게 하면 쉽고 재미있게 공부할 수 있을까 하는
고민에서 시작했는데, 쓰는 내내 무척 즐거웠답니다. 지은 책으로 〈수학 탐정스〉 〈과학 탐정스〉 시리즈와
《인간을 받아 줄 행성 어디 없나요?》 《생활 속 과학 공부》 《어떻게 살아남을까?》 들이 있습니다.

그림 조승연

홍익대학교와 프랑스에서 그림을 공부하고, 지금은 어린이책 일러스트레이터로 활동하고 있습니다.
그린 책으로 〈수학 탐정스〉 〈과학 탐정스〉 시리즈와 《방과 후 초능력 클럽》 《행복, 그게 뭔데?》 《위험한 갈매기》
《탄탄동 사거리 만복 전파사》 《도둑왕 아모세》 《달리는 기계, 개화차, 자전거》 들이 있습니다.

과학 탐정스 2: 사이언스 파크에 가다!

기획 김수주 | **지은이** 조인하 | **그린이** 조승연
펴낸날 2021년 3월 18일 초판 1쇄, 2025년 7월 5일 초판 5쇄
펴낸이 신광수 | **출판사업본부장** 강윤구 | **출판개발실장** 위귀영
아동IP파트 박재영, 박인의, 김규리, 정유나 | **출판디자인팀** 최진아 | **외주편집** 김수주
출판기획팀 정승재, 김마이, 이아람, 전지현
출판사업팀 이용복, 민현기, 우광일, 김선영, 이강원, 신지애, 허성배, 정유, 정슬기, 정재욱, 박세화, 김종민, 정영묵
출판지원파트 이형배, 이주연, 이우성, 전효정, 장현우
펴낸곳 (주)미래엔 | **등록** 1950년 11월 1일 제16-67호 | **주소** 서울특별시 서초구 신반포로 321
전화 미래엔 고객센터 1800-8890 팩스 541-8249 | **홈페이지 주소** www.mirae-n.com

ⓒ 김수주, 조인하, 조승연, 2021
이 책은 무단으로 전재하거나 복제할 수 없습니다.

ISBN 979-11-6413-753-4 74400
ISBN 979-11-6413-597-4 (세트)

책값은 뒤표지에 있습니다.
파본은 구입처에서 교환해 드리며, 관련 법령에 따라 환불해 드립니다. 다만, 제품 훼손 시 환불이 불가능합니다.

KC 마크는 이 제품이 공통안전기준에 적합하였음을 의미합니다.
사용 연령: 8세 이상

과학탐정스
2: 사이언스 파크에 가다!

김수주 기획 | 조인하 글 | 조승연 그림

Mirae N 아이세움

<<< 작가의 편지 >>>

과학 성적은 최상위, 흥미는 최하위?

    2015년, 세계 49개국 초등학생 31만 명을 대상으로 한 '과학 성취도 평가'에서 우리나라 학생들은 세계 2위로 최상위권을 차지했어요. 하지만 과학 공부에 대한 자신감과 흥미는 세계 최하위권에 머물렀지요. 왜 이런 결과가 나왔을까요? 과학에 즐거움을 느끼지 못하고 시험을 잘 보기 위해 지식을 외우기만 한 결과가 아닐까 해요.

    그럼 어떻게 해야 어린이들이 과학을 어려워하지 않고, 재미있게 공부할 수 있을까요? 과학을 연구하는 사람들은 어릴 적부터 일상생활이나 주변의 다양한 현상 속에서 과학의 원리를 찾아보는 과정이 매우 중요하다고 해요. 그러면 큰 어려움 없이 일상생활에서 자연스럽게 과학을 이해하고 배울 수 있기 때문이에요.

삐리삐리.

　이 책은 '재미있는 책을 읽으면서 과학 개념까지 배울 수는 없을까?' 하는 고민에서 탄생했어요. 이 책의 주인공들은 속담이나 명언을 말하며 잘난 체하는 '잘난 척 대마왕' 전자기, 키가 크고 힘센 잔소리꾼 '덩치' 강반달, 스타 크리에이터를 꿈꾸는 '수다맨' 조아해예요. 이들이 겪는 아슬아슬한 모험 이야기를 읽으면서, 손에 땀을 쥐게 하는 위기 때마다 빛을 발하는 주인공들과 함께 답을 찾다 보면, 저절로 과학 실력이 쑥쑥 느는 걸 느낄 거예요.
　이제 과학이 함께하는 모험을 떠나 보아요. 준비됐나요? 그럼, 출발!

조인하

≪≪ 차례 ≫≫

 작가의 편지 · · · · · · · · · · · · · · ·

 과학 탐정스 캐릭터 소개 · · · · · · · · ·

 제1장 **사이언스 파크** · · · · · · · · ·

 제2장 **출구를 찾아서** · · · · · · · ·

 제3장 **예상치 못한 위험** · · · · · ·

 정답 · · · · · · · · · · · · · · · · · · ·

 초등 과학 연계표 · · · · · · · · · · ·

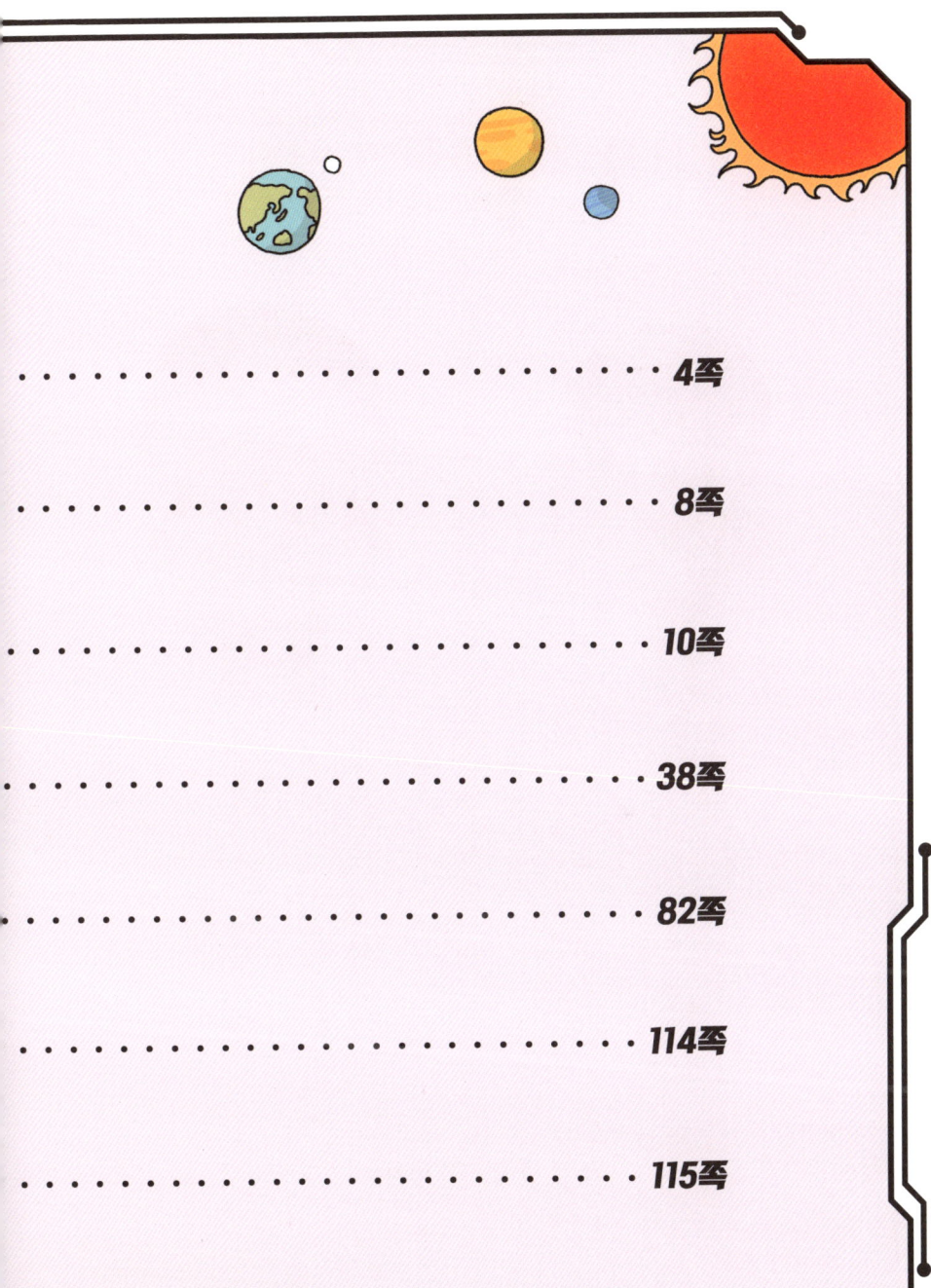

· 4쪽

· 8쪽

· 10쪽

· 38쪽

· 82쪽

· 114쪽

· 115쪽

⟪⟪⟪ 과학 탐정스 캐릭터 소개 ⟫⟫⟫

─[전자기]─

잘생긴 얼굴에 똑똑하기까지 해요. '물질'과 '운동과 에너지' 분야의 고수지요. 속담을 말하며 잘난 체를 하고, 자신의 말만 옳다고 우겨서 별명이 '잘난 척 대마왕'이에요. 생각할 때 손톱을 물어뜯는 버릇이 있으며, 항상 돋보기를 들고 다녀요.

─[강반달]─

키도 크고 힘도 세서 별명이 '덩치'예요. 호기심이 많고 오지랖도 넓어서 남의 일에 잔소리가 많아요. 선생님에게 고자질도 잘하지요. 하지만 '생명'과 '지구와 우주' 분야에서는 따라올 사람이 아무도 없어요. 늘 쌍안경을 목에 걸고 다닌답니다.

┤[조아해]├ ┤[고란]├

'수다맨 TV'라는 인터넷 방송을 하는 크리에이터예요. 워낙 말이 많은 까닭에 별명이 '수다맨'이랍니다. 방송에 넣을 거라며 아무 때나 스마트폰으로 동영상을 찍어요. '추리력과 관찰력'이 뛰어난데, 추리할 때 자신도 모르게 코를 파는 버릇이 있어요.

담임 선생님이에요. '명탐정 코난'의 광팬으로, 아무 때나 코난의 대사인 "진실은 언제나 하나!"를 외치지만 늘 빛나가는 추리로 아이들을 놀라게 하지요. 코난과 비슷한 안경을 쓰고 다니는 모습 때문에 아이들에게 '코난 선생님'으로 불린답니다.

사이언스 파크

한갓진 금요일 오후, 전자기, 강반달, 조아해는 여느 때처럼 꽃담초등학교 과학실에 모여 있었어요. 각자 책을 읽거나 군것질을 하거나 하품을 하며 시간을 보내고 있었지요. 그때 강반달이 한쪽 다리를 달달 떨며 혼잣말을 했어요.

"흐음, 거참 이상하네."

"하아아암, 뭐가?"

기지개를 켜던 조아해가 물었어요. 그러자 전자기

가 읽던 책을 탁 덮으며 답했지요.

"뭐긴. 사건다운 사건 의뢰가 하나도 없다는 거지. 하지만 무소식이 희소식이라고, 그렇다는 건 세상이 평화롭다는 증거가 아닐까?"

강반달은 힘없이 고개를 끄덕이며 대답했어요.

"그래, 맞아. 근데 이렇게 멋진 탐정 배지도 만들었는데 파리만 날리니까 속상해서……."

강반달의 말에 전자기와 조아해도 침울한 표정을 지었어요.

지난여름, 세 아이는 우연히 고란 선생님과 함께 신비도의 비밀을 밝혀내어 하루아침에 유명해졌어요. 그 뒤 명탐정 코난의 광팬인 고란 선생님의 제안으로 '과학 탐정스'라는 탐정단을 만들었지요.

그런데 과학 탐정스에게 들어오는 사건이란 대부분 잃어버린 강아지나 휴대 전화, 연필 따위를 찾아 달라는 것뿐, 사건다운 사건은 하나도 안 들어왔지 뭐예요. 그러자 강반달이 초조한 나머지 속마음을 드러낸 거예요. 하지만 겉으로는 아무렇지 않아 보이는 전자기와 조아해의 속마음도 사실은 비슷했답니다.

'쳇! 새 옷하고 첨단 돋보기도 샀는데, 이게 뭐람? 괜히 샀나? 쓸데도 없는데…….'

'하아, 요즘 수다맨 TV의 구독자 수가 점점 줄고

있어. 우리가 사건을 멋지게 해결하는 모습을 올려야 하는데 맨날 비슷한 일상만 올려서 그런 거겠지. 쩝.'

각자 골똘히 생각에 잠겨 있던 세 아이는 후유 하며 동시에 한숨을 쉬었어요. 그때였어요. 드르륵 하고 과학실 문이 열리며 고란 선생님이 들어왔어요.

"어머어머, 우리 탐정님들 표정이 왜 이래? 너희 싸웠니?"

고란 선생님이 놀리듯 물어보자, 전자기가 퉁명스레 대답했어요.

"싸우긴 저희가 왜 싸워요?"

"그렇지? 과학 탐정스가 싸운다니 상상이 안 되긴 한다."

고란 선생님은 맞장구를 치고는 아이들에게 대뜸 빳빳한 편지 봉투 하나를 내밀었어요.

"어? 이게 뭐예요?"

얼떨결에 편지 봉투를 받아 든 전자기가 멀뚱한 얼굴로 쳐다보며 묻자, 고란 선생님이 미소를 띤 채 대답했어요.

"사이언스 파크 초대장! 너희 주려고 가져왔지."

"네? 사이언스 파크 초대장요?"

세 아이는 동시에 소리를 질렀어요. 사이언스 파크는 꽃담마을 근처에 지어지고 있는 국내 최고의 과학관인데, 규모가 상당히 큰 데다가 재미있는 과학 놀이 기구들이 잔뜩 설치될 거라는 소문이 쫙 퍼져 있었거든요.

"으응, 사이언스 파크에서 일하는 친구한테 받은 거야. 얼마 뒤에 사이언스 파크를 개장하는 거 알지? 개장 전에 사이언스 파크를 체험하면서 문제점을 발견해 줄 체험단을 모집한대. 그런데 초대 날짜가 암호로 쓰여 있더라고."

"네에? 어떤 암호예요?"

조아해가 흥분으로 떨리는 손을 애써 진정시키고 영상을 찍으며 물었어요.

"글쎄, 직접 보면 알 거야. 그리고 내가 이 초대장을 가져온 건, 너희가 요즘 너무 심심해하는 것 같아서야. 내가 암호를 풀지 못해서가 절대 아니라고."

"풋!"

전자기가 웃음을 터트리자 고란 선생님은 뾰로통해졌어요.

"어머어머, 전자기! 너 지금 비웃었지? 초대장 다시 가져간다."

하지만 아이들은 그 말에 대꾸도 없이 어느새 초대장을 뜯어보고 있었어요.

"흠. 초대장의 '날짜와 시간' 칸에 뜬금없이 알파벳이라……. 이 암호의 규칙은 뭘까?"

전자기가 최신식 돋보기를 꺼내 초대장을 살펴보며 중얼거렸어요.

"내 생각엔 초대장 맨 밑에 있는 그림과 그림 밑에 쓰여 있는 '카이사르 암호를 이용하라!'라는 말이 힌트 같아."

옆에서 초대장을 들여다보던 강반달이 두 눈을 초

롱초롱 빛내며 말했어요. 전자기도 같은 생각인지 고개를 끄덕였지요.

그때였어요. 후비적후비적 코를 파며 초대장에 집중하던 조아해가 코딱지를 통 튕겼어요. 그러더니 벙글거리며 스마트폰을 들고는 초대장과 두 아이의 모습을 부산스럽게 찍어 대며 중얼거렸어요.

"오랜만에 수다맨 TV에 올릴 소식이 생겼는걸?"

그러자 조아해 때문에 집중력이 흐트러진 강반달이 조아해의 스마트폰을 손으로 막으며 말했어요.

"오케이! 거기까지."

그런데 웬일? 평소라면 꿍얼거렸을 조아해가 아무 말 없이 셀카봉을 책상 위에 고정하더니 자신만만한 목소리로 말하는 것이 아니겠어요?

"너희, 조용히 좀 해 줄래? 지금부터 내가 암호를 푸는 멋진 모습을 찍을 거거든?"

초대장에 쓰인 암호를 풀어서 초대받은 날짜가 몇 월 며칠인지 알아내 보세요.

초대장

우리의 호기심을 자극하고 궁금증을 풀어 주는 대한민국 최고의 종합 과학관 〈사이언스 파크〉가 드디어 문을 엽니다. 개장에 앞서 슬기롭고 현명한 어린이 여러분을 체험단으로 초대하오니 미리 이곳에 와서 즐거운 시간을 가지는 건 어떨까요?

※ 날짜와 시간 : **XRDRPQ월 CFOPQ일 오전 10시**
※ 장소 : 사이언스 파크 정문

★카이사르 암호를 이용하라!★

둥근 판에 있는 알파벳들이 카이사르 암호와 관련 있겠지?

맞아, A와 D, B와 E······. 알파벳들이 어떤 규칙에 따라 짝지어져 있잖아.

"뭐? 네가 암호를 풀겠다고?"

조아해의 말에 눈이 휘둥그레진 고란 선생님이 큰 소리로 외쳤어요.

"네, 별거 아니에요. '암호'란 어떤 메시지를 드러나지 않게 전하기 위한 약속이에요. 암호를 만들 때 가장 많이 쓰이는 방법은 글자를 일정한 규칙에 따라 새로운 글자나 기호, 숫자로 바꾸는 거예요. 이런 암호는 어떤 규칙에 따라 한 글자가 다른 한 글자에 짝꿍이 되는 구조를 띠는데, 어떤 규칙으로 짝꿍이 되는지 밝혀내면 암호를 풀 수 있어요."

"오케이! 암호 설명은 거기까지. 그래서 카이사르 암호가 뭔데?"

성격 급한 강반달이 중간에 말을 끊었어요. 조아해는 촬영 중인 스마트폰을 쳐다보며 한쪽 눈을 찡긋한 뒤 계속 말을 이었어요.

카이사르 암호는 로마 황제인 카이사르가 만들었다고 전해지는데, 알파벳을 몇 개씩 뒤로 밀거나 앞으로 당겨서 만드는 암호야. 카이사르는 비밀로 전할 말이 있을 때, 알파벳순으로 세 글자씩 뒤로 밀어서 암호를 만들었대.

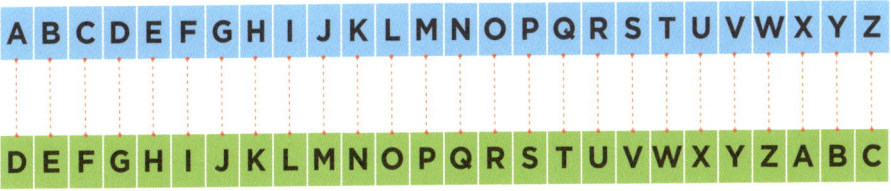

 손톱을 물어뜯으며 생각에 잠겨 있던 전자기가 말을 보탰어요.
 "흠! A는 D로, B는 E로 해석하는 거구나. 어라? 가만, 초대장 맨 밑에 있는 그림에서 초록색 바탕에 쓰인 알파벳을 세 글자씩 뒤로 밀면 파란색 바탕에 쓰인 알파벳이 되네?"
 조아해가 코를 후비적대며 맞장구쳤어요.

"맞아. 파란색 바탕에 쓰인 알파벳과 초록색 바탕에 쓰인 알파벳이 카이사르 암호의 규칙에 따라 1대 1로 짝지어져 있어. 그러니까 파란색 바탕의 알파벳과 짝지어지는 초록색 바탕의 알파벳을 찾으면 암호를 풀 수 있어."

조아해의 코 파는 모습에 강반달이 인상을 썼어요.

"어우, 더러워. 오케이! 설명은 거기까지. 이제 알겠어. 네 말대로 알파벳을 찾으면 파란색 바탕의 XRDRPQ가 초록색 바탕에서는 AUGUST, CFOPQ는 FIRST야. 그렇다면……."

"8월 1일!"

강반달의 말이 끝나기도 전에 전자기와 조아해가 한목소리로 외쳤어요. 그러자 고란 선생님이 환하게 미소 지으며 감탄을 보냈어요.

"오, 역시 과학 탐정스인걸? 언제나 나를 실망시키

지 않는다니까, 호호. 이제 사이언스 파크에 가서 신나게 놀기만 하면 되겠구나."

"맞아요. 선생님, 정말 감사합니다."

입을 맞춘 듯 동시에 고란 선생님에게 감사 인사를 하고 하이 파이브를 하는 강반달, 조아해와 달리 전자기는 왠지 마음 한구석이 꺼림칙하기만 했어요.

드디어 8월 1일. 정확히 오전 10시에 세 아이는 사이언스 파크 정문에 모였어요. 우주선 모양인 사이언스 파크의 정문은 국내 최고의 과학관답게 아주 웅장했지요.

"우아, 멋지다! 정문부터 사이언스 냄새가 팍팍 나

는데? 근데 왜 우리밖에 없지? 놀이공원엔 사람이 많아야 재미있는데…….”

 조아해가 두리번거리며 말하자, 전자기가 흘러내린 앞머리를 가지런히 매만지며 대답했어요.

"날짜 암호를 푼 사람이 우리뿐이란 얘기지."

"아무렴 어때. 우리만 있으면 놀이 기구 탈 때 기다릴 필요도 없고 좋지."

강반달이 활짝 웃으며 말하는 순간, 사이언스 파크 안에서 저벅저벅 발소리가 들렸어요. 곧이어 정문이 철컹 하고 열리더니 두꺼운 안경을 낀 아저씨가 나와서 살갑게 말을 걸었지요.

"안녕! 난 사이언스 파크에서 일하는 나영재야. 암호를 풀어서 여기 온 사람이 한 사람도 없을까 봐 걱정했는데, 너희가 와서 정말 기쁘구나. 반갑다."

"안녕하세요? 잘 부탁드립니다."

"무슨 소리야! 부탁은 내가 해야지. 오늘 너희가 체험할 것은 '사이언스 파크 대탈출!'이라는 특별 프로그램이란다. 개장하자마자 선보일 비장의 무기지."

"사이언스 파크 대탈출이라면……."

강반달이 고개를 갸우뚱하며 말을 흐리자, 나영재 아저씨가 알기 쉽게 설명해 주었어요.

"요즘 유행하는 방 탈출 게임 알지? 그거랑 비슷해. 사이언스 파크 안으로 들어가면 몇 가지 중요한 임무가 주어지는데, 그 임무를 해결해야만 사이언스 파크를 탈출할 수 있지."

"와! 정말 재미있겠다. 나 방 탈출 게임 진짜 잘하는데……. 벌써 기대되는걸?"

조아해가 기뻐서 어쩔 줄 모르자, 나영재 아저씨는 환하게 웃으며 말을 이었어요.

"잘됐네. 탈출을 잘하는 것도 중요하지만, 너희처럼 똑똑한 어린이들이 프로그램을 체험하다 발견한 문제점을 우리에게 알려 주면 더 멋진 사이언스 파크를 만들 수 있을 것 같구나. 그렇게 해 줄 수 있지?"

"네에!"

왠지 우쭐해진 아이들은 사이언스 파크가 떠나가라 큰 소리로 대답했어요.

"하하. 믿음직한걸? 자, 그럼 이제 가 볼까?"

아이들은 나영재 아저씨를 따라 사이언스 파크로 들어갔어요. 정문 입구에는 귀엽게 생긴 로봇이 서 있었어요.

"이 로봇은 사이언스 파크의 안내 로봇 '사이로'란다. 오늘 너희의 체험을 도와줄 거야. 단, 사이로는 안내만 할 뿐, 모든 문제는 너희가 스스로 해결해야 해. 알았지? 그럼 즐거운 시간 보내렴."

나영재 아저씨는 한쪽 눈을 찡긋하더니, 곧 연구소 쪽으로 사라졌어요. 아이들은 사이로와 정식으로 인사를 나누었답니다.

"안녕? 사이로. 난 강반달이야. 반가워."

"난 조아해라고 해. 애는 전자기고. 잘 부탁해."

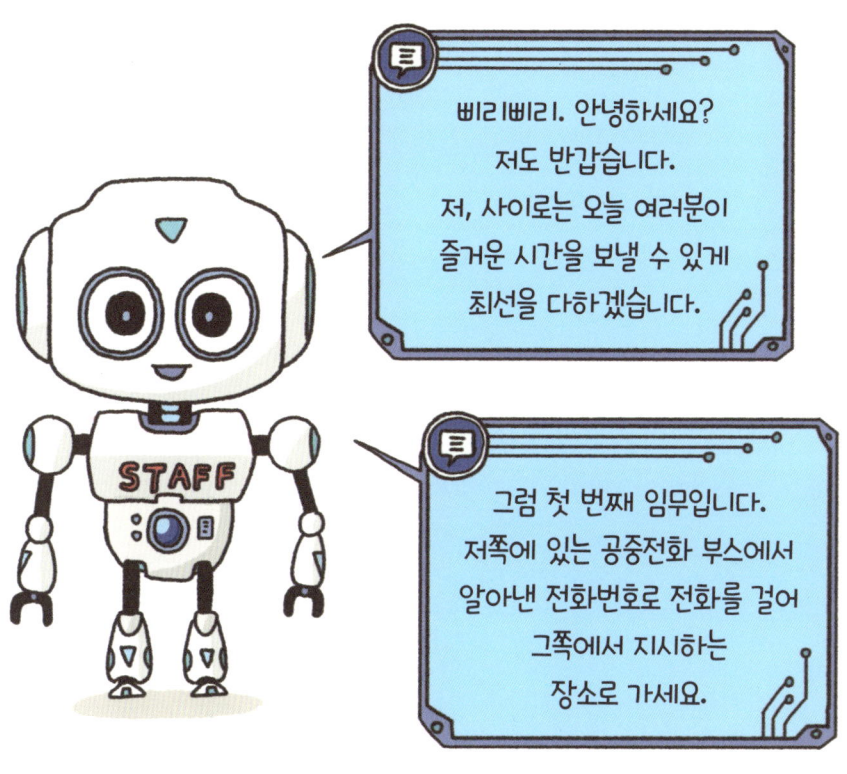

"대체 어디로 전화를 하라는 거야?"

강반달이 고개를 갸우뚱하자, 전자기가 말했어요.

"일단 공중전화 부스로 가 보면 알겠지."

아이들은 얼른 공중전화 부스로 뛰어갔어요. 부스 안에는 컴퓨터 모니터처럼 생긴 전화기가 있었어요.

먼저 도착한 조아해가 화면을 들여다보며 말했지요.

"여기 전화기 화면에 전화번호가 나와 있긴 한데, A, B, C 세 군데나 비어 있어."

조아해가 가리킨 화면에는 9개의 그림과 함께 세 군데가 빈 전화번호가 나타나 있었어요.

"A, B, C에 들어갈 숫자를 알아내면 완전한 전화번호를 알아낼 수 있는 거지? A는 고체의 개수, B는 액체의 개수, C는 기체의 개수라고 되어 있어."

강반달의 말에 전자기와 조아해는 아무 말 없이 각자 생각에 잠겼어요. 잠시 뒤, 엄지손톱을 잘근잘근 물어뜯던 전자기가 손가락을 딱 하고 튕기더니 자신만만하게 수화기를 들었어요.

"훗! 이 정도는 땅 짚고 헤엄치기야. 물질의 상태만 이해하면 금방 풀 수 있거든."

전자기는 수화기를 든 채로 설명을 시작했어요.

전자기의 설명이 끝나자 강반달이 눈을 반짝이며 말했어요.

"아하! 그렇구나. 그럼 이 그림에서 고체는 가방, 색연필, 가위, 지우개, 옷이고, 액체는 물, 우유, 주스, 기체는 풍선 속의 공기뿐이네. 따라서 고체는 5개, 액체는 3개, 기체는 1개니까 A는 5, B는 3, C는 1이고, 우리가 걸어야 할 전화번호는 38-65-74-131이야. 전자기, 정말 대단한데?"

신이 난 강반달이 전자기에게 엄지손가락을 세워 보이자 전자기는 어깨를 으쓱하며 콧대를 세웠어요. 조아해는 그 모습을 보고 고까운 생각이 들어서 입을 삐죽이며 쏘아붙였어요.

"쳇, 잘난 척 대마왕! 겨우 한 문제 풀고 너무 으스대는 거 아냐? 내가 초대장의 암호를 멋지게 풀어서 이곳에 온 건 벌써 잊었어?"

그러자 전자기는 아무 말도 않고 조아해를 노려보았어요. 갑자기 분위기가 이상해지자 깜짝 놀란 강반달이 서둘러 둘 사이를 비집고 들어오며 외쳤어요.
 "오케이, 거기까지! 야, 수다맨. 너 유치하게 왜 그래? 전자기, 넌 얼른 전화나 해."
 머쓱해진 조아해는 뒷머리를 긁적였어요. 전자기는 고개를 홱 돌리더니 이렇게 꿍얼거리며 전화를 걸기 시작했어요.

"흥! 자기도 잘난 척하면서 누구한테 뭐라는 거야? 누워서 침 뱉기지."

잠시 후 통화 연결음이 들리더니, 수화기 속에서 투박한 기계음이 흘러나왔어요.

"동물원, 동물원으로 가세요."

"뭐? 동물원으로 가라고? 동물원이 어디 있는데?"

아이들은 동물원을 찾으려고 사방을 두리번거렸어요. 그때 조아해가 한곳을 가리켰어요.

"저쪽이야! 동물원 입구가 바로 저기에 있어."

≪≪ 제2장 ≫≫

출구를 찾아서

몸이 날랜 조아해는 가장 먼저 동물원 쪽으로 달려갔어요. 하지만 자신 때문에 가라앉은 분위기를 의식한 듯 서서히 속도를 줄이며 친구들과 보조를 맞추더니, 생뚱맞게 퀴즈를 냈어요. 이번에도 역시 학원 친구인 나연산에게 들었다나요?

"형이 가장 슬플 때가 언제인지 알아?"

"사랑하는 사람이 죽었을 때?"

잠시 생각하던 강반달이 고개를 갸우뚱하며 대답

하자, 조아해가 히죽 웃으며 대꾸했어요.

"땡! 덩치, 넌 너무 진지해. 정답은 바로 '형편없을 때'야. 히히히. 웃기지?"

조아해의 썰렁한 아재 개그에 토라졌던 전자기도 피식 하고 웃었어요. 그러자 신이 난 조아해는 계속해서 퀴즈를 냈어요.

"수학책을 난로 위에 올리면 무슨 책이 되게?"

이번에는 화가 풀린 전자기가 대답했어요.

"불타는 수학책?"

"땡! 정답은 수학 익힘책이야. 히히, 재밌지?"

웃고 떠들다 보니 아이들은 어느덧 동물원 입구에 도착했어요. 입구에는 동물원 지도가 있었지요. 아이들은 지도를 보며 서로 자신이 좋아하는 동물을 보겠다며 옥신각신했어요. 이때 그 모습을 지켜보던 사이로가 조용히 아이들에게 다가오며 말했어요.

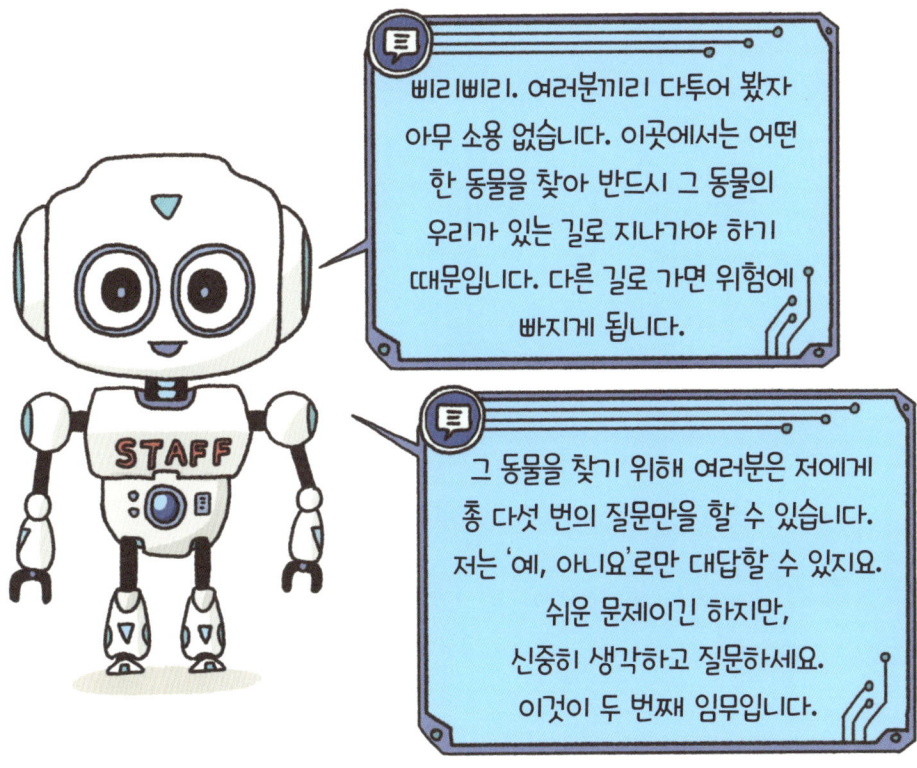

"쳇! 스무고개도 아니고 다섯 고개라니……. 도대체 무슨 질문을 해야 하는 거야?"

전자기가 투덜거렸어요. 그때 쌍안경으로 동물들을 유심히 보던 강반달이 앞으로 나서며 외쳤어요.

"오케이! 거기까지. 질문은 내가 할게. 동물들의 특징만 알면 간단하거든."

사이로에게 다섯 개의 질문을 하고 그에 대한 대답을 들은 강반달은 뭔가를 열심히 적더니 소리쳤어요.

"찾았다!"

"정말? 어떤 동물인데?"

전자기가 놀라며 묻자 강반달은 쌍안경을 만지작거리며 설명을 시작했어요.

"동물은 가지고 있는 특징에 따라 여러 가지 기준으로 분류할 수 있어. 이때 분류 기준은 누가 분류해도 같은 결과가 나오게 명확해야 해. 날개가 있는 것과 없는 것처럼 말이야. 멋진 것과 안 멋진 것은 누가 분류하느냐에 따라 결과가 다를 테니까 분류 기준으로 정하면 안 되지."

"아! 명확한 분류 기준 다섯 개를 물어본 거구나?"

조아해가 콧구멍을 후비며 감탄했어요. 강반달은 "더러워." 하면서도 계속 설명했어요.

맞아. 먼저 물속에서 살 수 있는 고래와 금붕어를 빼.

두 번째는 날개가 있는 나비와 앵무새를 빼면 되고.

세 번째는 다른 동물을 먹지 않는 달팽이와 토끼를 빼.

네 번째는 알을 낳지 않고 새끼를 낳는 사자와 여우를 빼면 되지.

마지막으로 남은 거미와 코브라 가운데
다리가 있는 거미를 빼면 남는 것은 바로 코브라야.

강반달은 명확한 분류 기준을 정하고 이를 질문으로 만들어 사이로의 답을 듣고 동물을 분류한 뒤, 그 결과를 다른 분류 기준에 따라 더 분류하는 방법으로 동물을 추려 나가 답을 찾아낸 거예요.

"와! 덩치, 너 진짜 대단한데?"

전자기가 눈을 동그랗게 뜨며 놀라워하자 강반달은 살짝 얼굴을 붉혔어요. 의기양양해진 강반달은 가장 먼저 코브라 우리로 달려갔어요. 뒤질세라 전자기와 조아해도 얼른 쫓아갔지요. 아이들이 코브라 우리 앞에 도착하자 '정답을 맞혔군요. 나가는 문은 이

쪽이에요.'라고 쓰여진 글과 화살표가 그려진 팻말이 있었어요. 신이 난 아이들은 화살표를 따라 코브라 우리 앞을 지나쳤어요.

 그때였어요. 철커덩 소리와 함께 잠겨 있던 코브라 우리의 문이 열렸어요. 그리고 코브라가 혀를 날름거리며 우리를 나와 서서히 아이들 쪽으로 기어 왔어요. 뜻밖의 사태에 깜짝 놀란 전자기와 조아해는 새파랗게 질려 움직이지도 못하고 그 자리에서 벌벌 떨기만 했어요. 그러자 옆에 있던 강반달이 속삭이듯 말했어요.

"너무 무서워하지 마. 뱀은 위협만 하지 않으면 먼저 공격하지 않거든. 그리고 땅의 진동을 잘 느끼니까 발소리 내지 말고 조심조심 도망가면 돼."

강반달의 말에 아이들은 조그맣게 고개를 끄덕이며 서로 조용히 눈빛을 주고받았어요. 그리고 살금살금 뒷걸음질 치기 시작했지요. 그런데 쌍안경으로 코브라를 살펴보며 뒷걸음질 치던 강반달이 그만 자기 발에 걸려 쿵 하고 넘어지고 말았어요. 그 소리에 흥분했는지 코브라가 갑자기 목을 세모꼴로 부풀리며 머리 쪽을 꼿꼿이 세웠어요. 그러더니 재빠르게 아이들을 향해 기어 왔어요.

"얘들아, 빨리 도망가!"

당황한 강반달이 얼른 소리쳤어요. 그 말에 전자기와 조아해가 으악 하고 소리를 지르며 걸음아 날 살려라 달아났어요. 강반달도 잽싸게 일어나 아이들과

함께 달렸지요. 하지만 한참을 달렸는데도 코브라는 지치지도 않고 쉭쉭거리며 계속 쫓아왔어요. 아이들은 엄청난 공포감에 휩싸였어요.

그때 아이들과 같이 도망치던 사이로가 앞쪽을 가리키며 빠르게 말했어요.

"삐리삐리! 이 길을 쭉 따라가면 끝에 엘리베이터가 있습니다. 그걸 타고 얼른 롤러코스터 타는 곳으로 올라가세요."

"어? 아, 알았어. 고마워, 사이로."

아이들은 젖 먹던 힘을 다해 달렸어요. 그러자 정말 사이로의 말대로 길이 끝나는 곳에 엘리베이터가 보였어요.

"얘들아, 얼른 와. 조금만 더 힘내!"

어느새 엘리베이터 안에 들어간 조아해가 발을 동동 구르며 아이들에게 빨리 오라고 손짓했어요. 전자기와 강반달은 죽을힘을 다해 달려 아슬아슬하게 코브라를 따돌리고 엘리베이터에 올라탔지요. 엘리베이터는 우웅 하는 소리를 내며 올라가더니 롤러코스터 타는 곳에 멈추었어요. 도착한 아이들은 안도의 한숨을 쉬며 서로 얼싸안았어요. 그런데 잠시 뒤, 전자기가 숨을 고르며 물었어요.

"근데 이상하지 않아? 사이언스 파크는 최첨단 시설로 꾸며진 곳이잖아. 그런데 어떻게 갑자기 코브라 우리의 문이 열렸지?"

"그러게. 누군가 코브라 우리의 문을 제대로 닫지 않은 걸까?"

강반달이 고개를 갸우뚱거리며 되묻자 조아해가 날 선 목소리로 말했어요.

"아니야. 내가 아까 동영상 찍을 때 코브라 우리의 문이 닫혀 있는 걸 분명히 봤어. 우리가 지나갈 때

갑자기 열린 게 분명하다고. 확인해 볼래?"

조아해가 동물원에서 찍은 동영상을 재생하자, 화면 속에 코브라 우리의 문이 닫혀 있는 게 보였어요. 이를 보고 눈이 휘둥그레진 강반달이 사이로를 보며 물었어요.

"누가 일부러 열었다는 거야? 아니면 시스템에 문제가 있나? 사이로, 네 생각은 어때?"

갑작스런 강반달의 질문에 사이로는 당황했는지 말을 더듬으며 반말로 대꾸했어요.

"삐리삐리. 모, 몰라. 내가 어떻게 알아? 하여튼 나는 안 그랬어."

펄쩍 뛰는 사이로의 모습에 강반달은 빙그레 웃으며 장난기 섞인 말로 놀렸어요.

"어머? 찔리나 봐. 정말 네가 연 거 아냐?"

"삐리삐리. 난 아니라고. 정말 성격 이상하네."

"오케이! 여기까지. 농담이야, 농담! 하하. 좀 전에 네가 도와줘서 살았는데 어떻게 널 의심할 수 있겠어. 그리고 이건 내 마음의 표시야. 사이로, 고마워!"

강반달은 자신이 차고 있던 팔찌를 풀어 사이로에게 채워 주었어요. 사이로는 생각지도 못한 선물에 깜짝 놀랐는지 머뭇거리듯 잠시 동작을 멈추었어요. 그러다가 이내 공손히 고개를 숙이며 인사했어요.

"삐리삐리. 고맙습니다. 잘 간직할게요."

사이로는 이어서 자세를 고치고는 다음 임무를 알려 주었어요.

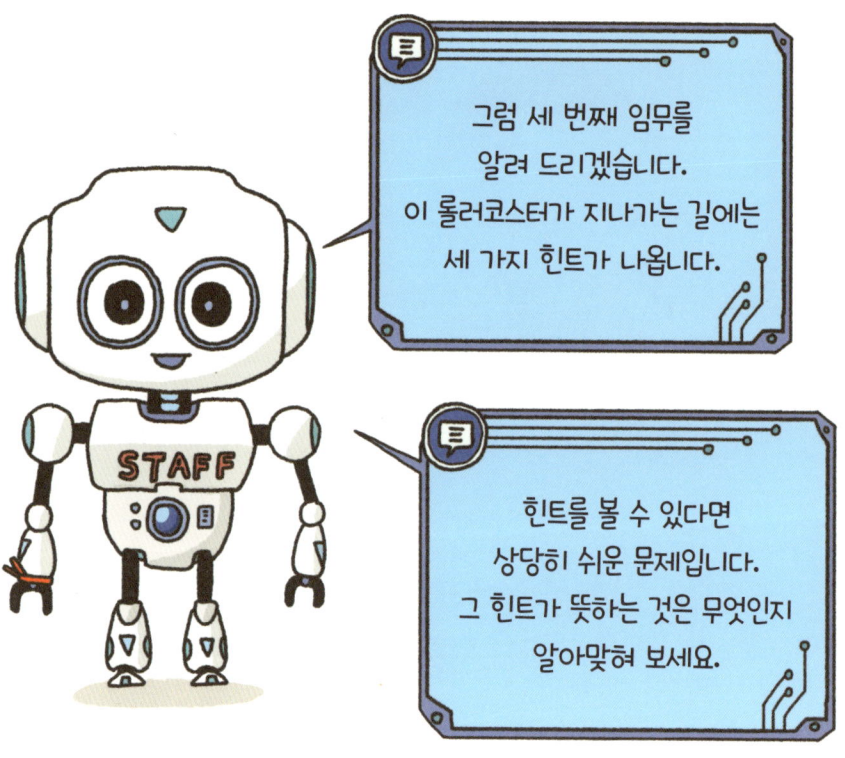

그 말이 끝나자마자 전자기가 노골적으로 싫은 표정을 지으며 말했어요.

"어, 말도 안 돼. 어떻게 롤러코스터를 타면서 눈을 뜨라는 거야?"

그런데 무서워하는 전자기와 달리 강반달과 조아해는 신이 난 모습이었어요.

"우아, 진짜 재밌겠다. 역시 놀이 기구 하면 롤러코스터잖아?"

"맞아. 난 두 손 들고 탈 거야. 음하하하!"

조아해와 강반달은 함박웃음을 지으며 얼른 열차에 탔어요. 전자기는 투덜대며 마지못해 둘의 뒤를 따라 탔지요. 출발 신호에 맞춰 열차가 움직이기 시작했어요. 그리고 척척척 소리를 내며 높이 올라가더니, 굉음과 함께 레일 위를 날아갈 듯 떨어졌어요.

"꺄아아아!"

"으아, 사람 살려!"

아이들은 열차가 360도로 레일 위를 돌거나 급하게 경사진 레일 위를 오르내릴 때마다 사이언스 파크가 떠나가라 고래고래 소리를 질렀어요. 그 와중에도 힘겹게 눈을 뜨고 힌트가 무엇인지 보려고 애썼답니다. 어느새 열차는 출발한 곳으로 되돌아왔고, 열차에서 내린 세 아이는 아쉬움과 안도가 섞인 한숨을 내쉬었어요.

"아이고, 간 떨어지는 줄 알았네. 우리 조금만 쉬었다 가자."

조아해가 얼빠진 얼굴로 말했어요. 멍한 표정의 전자기도 고개를 끄덕이며 그 자리에 흐물흐물 주저앉았지요. 하지만 강반달은 가쁜 숨을 가라앉히며 쌍안경으로 주변을 둘러보았어요. 그랬더니 조금 앞쪽에 여섯 갈래의 길이 나 있는 것이 보였어요.

"흠. 길 위에 태양, 달, 북극성, 화성, 목성, 토성 그림이 있네. 좀 전에 우리가 롤러코스터를 타면서 본 세 가지 힌트를 가지고 답을 찾아서 어느 길로 갈지 선택하라는 거구나."

강반달이 눈을 반짝이며 말하자, 전자기가 아직도 진정이 안 되는지 흐릿한 눈으로 대꾸했어요.

"그런 거였어? 그럼 각자가 본 힌트를 얘기해 보면 되겠네. 난 겨우 한 개 봤는데, '태양계 행성'이라고 쓰여 있었어."

"태양계 행성? 다행히 내가 본 힌트랑 겹치지는 않네. 내가 본 힌트에는 '고리'라고 쓰여 있었는데. 수다맨, 네가 본 건 뭐야? 혹시 세 개 모두 본 거 아냐?"

강반달이 기대에 찬 눈빛으로 조아해를 쳐다보았어요. 조아해는 머쓱한 표정을 지었지요.

"사실 나 오늘 롤러코스터 처음 탔어. 이렇게 무서

운 줄 몰랐지 뭐야. 타는 내내 소리만 지르다 보니 끝나 있더라고. 근데 힌트가 있긴 있었어?"

"나 원 참, 기막혀서. 두 손 들고 탄다더니. 그럼 힌트 한 가지는 아예 못 본 거네. 어쩌지? 참, 사이로 너는 알지? 나머지 한 가지는 뭐야? 으응?"

다급해진 강반달이 어울리지 않게 콧소리까지 내며 사이로를 바라보았어요. 하지만 사이로는 고개만

절레절레 흔들 뿐 아무 말도 하지 않았지요.

"흥! 가르쳐 주기 싫으면 관둬. 우리 힘으로 알아낼 거야."

"그래, 이 정도는 우리 과학 탐정스에게 아무것도 아니잖아. 그치?"

조아해가 강반달의 눈치를 살피며 맞장구쳤어요. 강반달은 조아해를 살짝 째려보며 대꾸했지요.

"맞아! 일단 우리가 본 힌트부터 정리해 볼까? 먼저 태양계 행성. 여기서 '태양계'란 태양과 태양의 영향을 받는 천체들, 그리고 그 공간을 말해. 태양을 비롯해 행성, 위성, 소행성, 혜성 등으로 이루어져 있지. 태양계의 중심에 있는 태양은 태양계에서 유일하게 스스로 빛을 내는 별이야. 이런 태양의 주위를 도는 둥근 천체를 '행성'이라고 하는데, 태양계 행성에는 수성, 금성, 지구, 화성, 목성, 토성, 천왕성, 해

왕성이 있어."

"그럼 위성, 소행성, 혜성은 뭐야?"

조아해가 코를 후비며 물었어요.

"'위성'은 지구의 주위를 도는 달처럼 행성의 주위를 도는 천체를 말해. '소행성'은 대부분 화성과 목성 사이의 공간인 소행성대에 모여 태양의 주위를 도는 돌덩어리들을 말하지. '혜성'은 태양계의 가장자리에 있는 먼지 섞인 작은 얼음덩어리인데, 대부분 태양 주위를 기다란 타원이나 포물선 모양으로 돌아. 태양에 가까워지면 꼬리가 생기기도 하지."

"그럼 북극성은 뭔데?"

이번에는 전자기가 물었어요.

"북극성은 북반구에서 정확히 북쪽에 항상 떠 있는 별이야. 하지만 우리가 보기에만 그럴 뿐, 실제로는 태양계에서 멀리 떨어져 있지."

"아하! 그렇구나."

강반달의 명쾌한 설명에 조아해가 고개를 크게 끄덕였어요.

잠시 뒤에 손톱을 잘근잘근 씹으며 생각하던 전자기가 말했어요.

"그럼 저 여섯 개의 길 가운데 우선 '태양계 행성'인 것들을 고르면 되겠네. 태양계 행성은 '화성', '목성', '토성'뿐이야. 이 중 두 번째 힌트인 '고리'와 관련 있는 행성은 뭐야?"

"그건 바로 토성이야. 세 번째 힌트 없어도 답은 나왔네. 태양계의 행성 중 고리가 있는 행성은 토성뿐이거든. 그렇지?"

아는 척을 하며 잽싸게 끼어든 조아해가 강반달을 쳐다보며 동의를 구했어요. 그러나 강반달은 고개를 가로저으며 대답했어요.

강반달의 다부진 말에 조아해는 어깨를 으쓱했어요. 강반달은 '토성'이라고 쓰여진 길로 앞장서 들어섰지요. 전자기와 조아해도 강반달을 따라갔어요. 길은 경사가 조금 급한 내리막길이었어요. 그런데 세 아이가 모두 내리막길에 들어선 순간, 우우웅 하는 소리가 들리더니 길이 갑자기 얼음처럼 미끄러운 길로 바뀌었어요.

"으아아악!"

아이들은 엄청난 비명을 지르며 길을 따라 미끄러졌어요. 아이들이 정신을 차려 보니, 도착한 곳은 작은 방이었지요. 뜻밖의 상황에 어리둥절한 아이들이 주위를 두리번거리는데, 천장에서 치지직 하며 딱딱

한 기계음이 들렸어요.

"삐리삐리, 이곳은 답이 틀린 사람들이 오는 방입니다."

두리번거리던 강반달이 깜짝 놀라며 중얼거렸어요.

"이상하네. 고리로 가장 유명한 행성은 토성인데, 우리가 놓친 힌트가 뭐길래 틀렸지?"

"그러게. 우리가 놓친 힌트까지 봐야 정답을 알 수 있었나 봐. 그리고 사이로는 어디 간 거야? 우리가 틀리면 같이 안 오는 건가?"

강반달의 말에 맞장구치던 전자기가 꿍얼대며 고개를 갸웃거리는데, 다시 목소리가 들렸어요.

"삐리삐리, 하도 궁금해하니 알려 드리지요. 여러분이 못 본 힌트는 '가장 크다.'입니다."

그러자 강반달은 뭔가 깨달은 듯 안타까워하며 말했어요.

"아, 아쉽다! 한 번만 더 기회를 주면 답을 맞힐 수 있는데……."

"뭐야? 덩치, '가장 크다.'라는 힌트가 나오면 답이 달라져?"

전자기가 다급히 물었어요. 강반달은 입술을 깨물며 고개를 끄덕였어요.

"맞아, 태양계 행성 중에서 가장 큰 행성은 목성이거든. 아까 말했듯이 목성도 고리가 있고 말이야. '목성' 길로 갔어야 했어."

"얘들아, 미안해. 힌트도 못 본 주제에 괜히 내가 설레발까지 치는 바람에……."

조아해가 고개를 떨구었어요. 강반달은 조아해의 어깨를 토닥이며 말했어요.

"수다맨, 네 탓이 아니야. 내 잘못이지. 남은 목성과 토성 중에서 고리가 있는 가장 큰 행성인 목성이 답일 수도 있는데, 내가 너무 단순하게 생각했어. 나야말로 미안해."

전자기도 말없이 조아해를 토닥였어요. 하지만 둘의 위로에도 조아해는 풀이 죽었는지 우두커니 앉아 있기만 했어요.

그때 다시 천장에서 목소리가 들렸어요.

> 삐리삐리. 여러분의 힘없는 모습을 보니 너무 마음이 아파서 부활 기회를 딱 한 번 드리겠습니다. 조금 뒤 나타나는 그림을 보고 그 장소에 어울리지 않는 식물 세 가지를 찾아보세요. 주어진 시간은 30초이며, 모두 찾지 못하면 실패입니다. 자, 그럼 시작!

목소리가 사라지자마자 맞은편 벽에 사막 풍경 그림과 함께 숫자가 표시된 시계가 '뿅' 나타났어요. 시계의 숫자는 째깍째깍 소리를 내며 줄어들었어요. 그와 동시에 방바닥이 한쪽으로 기울기 시작했어요.

"으아아악! 이게 뭔 일이야? 바닥이 왜 이래?"

아이들은 엄청난 비명과 함께 바닥에 나뒹굴며 그대로 주르륵 미끄러졌지요. 강반달과 조아해는 곧 정신을 차리고 중간중간 바닥에 붙은 손잡이를 잡고 간신히 매달렸어요. 그런데 원래 운동 신경이 좋지 않은 전자기는 그만 손잡이를 놓치고 말았어요. 손잡이를 놓친 전자기는 그대로 계속 미끄러져 내려갔어요. 밑에는 방바닥이 기울면서 생긴 빈틈이 입을 쩍 벌리고 있었지요.

"앗! 어떡해. 전자기가 빈틈으로 빠지겠어!"

그 모습을 본 조아해가 소리쳤어요. 그 순간 강반

달이 번개처럼 전자기의 한 손을 홱 잡아챘어요. 전자기는 간신히 주위의 손잡이를 잡았어요.

"후유, 큰일 날 뻔했네. 야, 잘난 척 대마왕! 너 이렇게 우리를 놀라게 할 거야?"

조아해가 소리소리 질렀어요.

"미안, 십년감수했다. 마른하늘에 날벼락이라더니, 이게 대체 무슨 일이야?"

전자기가 씩씩거리며 말했어요. 하지만 아이들은 상황을 파악할 겨를도 없이 문제를 풀기 시작했어요. 째깍째깍! 시간은 계속 흐르고 남은 시간이 얼마 없었지요. 숨 막히는 시간이 얼마나 흘렀을까요? 이번엔 절대 실수하지 않겠다며 두 눈을 부릅뜨고 그림을 뚫어져라 바라보던 강반달이 마침내 소리쳤어요.

"오케이! 여기까지. 저 장소와 어울리지 않는 식물 세 가지를 전부 찾았어."

"정말? 그래서 답이 뭐야? 5초밖에 안 남았거든."
"빨리 말해! 곧 손잡이를 놓칠 것 같다고."
친구들의 아우성에 강반달은 곧바로 대답했어요.
"답은 사과나무, 장미, 해바라기입니다."

그러자 삐 소리와 함께 째깍거리던 시계 소리가 멈추었어요. 그러더니 기울어졌던 방바닥도 서서히 원래대로 돌아왔어요. 한숨을 돌린 아이들이 멍하니 앉아 있는데, 천장에서 다시 소리가 들렸어요.

"삐리삐리, 정답입니다. 다시 한번 기회를 드릴 테니 임무를 끝까지 해내시기 바랍니다."

그 소리와 함께 한쪽 벽이 천천히 올라가며 바깥 풍경이 보였어요. 바깥에서는 사라졌던 사이로가 빙그레 미소 지으며 아이들을 맞아 주었지요. 서둘러 밖으로 나온 아이들은 감격에 겨워 서로 얼싸안으며 부활을 기뻐했어요.

"후유, 다행이다. 근데 덩치, 너 정말 대단해. 어떻게 그 위급한 순간에 답을 맞혔어?"

조아해가 강반달의 어깨를 툭 치며 묻자, 강반달은 싱긋 웃으며 대답했어요.

"별거 아니야. 그림의 풍경이 사막인 데에서 힌트를 얻었지. 너희도 알겠지만 식물은 대부분 햇빛이 잘 들고, 살아가기에 온도가 적합하며, 물이 적당히 있는 환경에서 잘 자라. 사막은 햇빛이 강하고 낮과 밤의 온도 차가 크며 물이 적어서 식물이 살아가기가 쉽지 않지. 하지만 이런 환경에서도 살아가는 식물이 있어. 선인장, 용설란, 바오바브나무 등이야."

"난 사막에는 선인장만 사는 줄 알았는데, 꽤 많은 종류의 식물이 사는구나."

조아해가 스마트폰을 들이대며 말하자, 강반달은 손으로 'V'를 그리고는 설명을 이었어요.

강반달의 똑 부러진 설명이 끝나자, 전자기가 쭈뼛쭈뼛하며 말했어요.

"그렇구나. 어, 그리고 아까는 정말 고마웠어. 떨어질 뻔한 내 손을 잡아 줘서 말이야. 진짜 죽는 줄 알았다니까."

전자기가 벌게진 얼굴로 감사 인사를 하자, 강반달도 쑥스러운 듯 얼굴을 숙였어요.

≪ 제3장 ≫

예상치 못한 위험

아이들이 얼마쯤 가니 거대한 정원 미로가 악어처럼 입을 쩍 벌리고 펼쳐져 있었어요. 미로 입구에 다다르자 사이로가 말했어요.

"삐리삐리. 마지막 임무입니다. 문제를 읽고 옳은 길로 가면 출구가 나옵니다. 쉽죠? 이따 만나요!"

사이로는 격려의 말도 없이 쌩하고 미로 속으로 사라졌어요. 그 모습을 본 조아해가 투덜댔지요.

"쳇, 도와주지도 않으면서 '쉽죠?'라니, 어이없네."

"뭐 어때? 근데 이제 정말 마지막이네? 자, 우리

힘내자. 과학 탐정스, 파이팅!"

전자기의 선창에 조아해와 강반달도 파이팅을 외치며 정원 미로 속으로 들어갔어요. 곧 아이들 앞에는 두 갈래 길이 나타났어요. 길이 두 갈래로 나뉘는 곳에는 문제가 쓰인 팻말이, 길의 왼쪽과 오른쪽에는 각각 O와 ×가 표시된 화살표가 세워져 있었지요.

손톱을 잘근잘근 씹으며 팻말을 뚫어져라 보던 전자기가 앞으로 나섰어요.

"이건 그림자를 알면 간단해. 나에게 맡겨!"

"그림자는 그냥 밖에 있으면 생기는 거 아냐?"

조아해가 땅바닥에 있는 그림자를 보며 물었어요. 전자기는 고개를 저었지요.

"그림자는 빛이 물체를 비출 때 생겨. 빛은 태양이나 전등에서 나와 사방으로 곧게 나아가는데, 이렇게 빛이 곧게 나아가는 성질을 '빛의 직진'이라고 해. 이때 직진하는 빛이 물체를 만나 빛이 통과하지 못하면 물체의 뒤쪽에 그림자가 생기는 거야."

"아, 그래서 햇빛이 비치면 그림자가 생겼다가, 구름이 햇빛을 가리면 그림자가 사라지는구나."

전자기의 설명에 강반달이 아는 척을 했어요. 전자기는 고개를 끄덕였어요.

"그래. 게다가 빛이 어떤 물체를 만나느냐에 따라 그림자의 진하기가 달라지기도 해."

"엥? 그게 무슨 소리야? 그림자마다 진하기가 다

르다니, 그게 말이 돼?"

조아해가 이해가 안 간다는 표정을 짓자 전자기가 웃으며 설명을 이었어요.

"하하, 사실이야. 빛이 도자기 컵, 손과 같은 불투명한 물체를 만나면 빛이 통과하지 못하기 때문에 진하고 선명한 그림자가 생겨. 하지만 빛이 유리컵, 색 없는 비닐 같은 투명한 물체를 만나면 빛이 대부분 통과하기 때문에 연하고 흐릿한 그림자가 생기지."

"빛이 물체를 통과하는 정도에 따라 그림자의 진하기가 달라지는구나."

조아해가 눈을 커다랗게 뜨며 말을 보탰어요. 그 모습을 본 전자기는 싱긋이 웃으며 대꾸했지요.

"맞아! 또 있어. 그림자의 모양은 빛이 직진하기 때문에 물체 모양과 비슷해. 그런데 물체를 놓은 방향이 바뀌면 달라지기도 해. 손잡이가 있는 도자기 컵을 돌려 방향을 바꾸면 여러 모양의 그림자가 생겨."

"빛을 받는 면의 모양대로 그림자가 생기는구나."

강반달의 말에 전자기의 눈이 휘둥그레졌어요.

"오, 금방 알아듣는데? 그럼 좀 더 어려운 것도 얘기해 줄까? 그림자는 빛과 물체 사이의 거리에 따라 크기가 달라지기도 해."

조아해가 "정말?" 하며 깜짝 놀라자 전자기는 살짝 빼기며 대답했어요.

"그럼. 물체를 그대로 두고 손전등을 물체에 가깝게 하면 그림자의 크기는 커지고, 손전등을 물체에서 멀게 하면 그림자의 크기는 작아져."

"이제 다 알겠어. 첫 번째 문제의 답은 ○야."

강반달의 말에 전자기가 "딩동댕!" 하고 외쳤어요. 전자기의 활약으로 아이들은 무사히 미로 정원을 빠져나왔지요. 출구 앞에는 동상 하나가 서 있었어요.

"어? 웬 동상이지?"

조아해의 말에 전자기가 돋보기로 동상을 살펴보다 소리쳤어요.

"앗! 동상 목에 뭔가가 걸려 있어."

그러자 쌍안경으로 동상을 바라보던 강반달도 소리를 질렀지요.

"열쇠야! 아무래도 출구 열쇠 같아!"

조아해가 얼른 달려가

동상의 목에서 열쇠를 벗겨 냈어요. 강반달의 말처럼 그것은 정말 사이언스 파크의 출구 열쇠였어요.

"와, 드디어 해냈어. 우리가, 아니 과학 탐정스가 해냈다고!"

흥분한 조아해의 목소리가 떨렸어요. 전자기와 강반달은 기쁨의 하이 파이브를 했지요. 그때 어딘가에서 사이로가 나타나 축하 인사를 건넸어요.

"삐리삐리, 축하합니다. 여러분은 주어진 임무를 모두 해결했습니다. 그래서 특별히 여러분을 재미있는 놀이 기구가 있는 곳으로 데려다드리겠습니다."

아이들은 "아싸!" 하고 소리치며 함박웃음을 지었어요. 아이들은 사이로의 뒤를 따라나섰어요. 신이 난 조아해가 아재 개그를 던졌지요.

"기분도 좋은데 퀴즈나 한번 내 볼까? '미소'의 반대말이 뭐게?"

"글쎄. '찡그리소'?"

강반달의 대답에 조아해는 싱글거리며 경쾌하게 대꾸했어요.

"땡! 답은 바로 '당기소'야, 히히. 그럼 세상에서 가장 뜨거운 과일은?"

"쳇, 뜨거운 과일이 어딨냐? 설마 천도복숭아냐?"

전자기가 퉁명스럽게 말을 던졌어요. 그런데 조아해가 눈을 동그랗게 뜨는 것이 아니겠어요?

"오모나, 정답! 너도 인상파 선생님의 수제자?"

정답이라는 말에 깜짝 놀란 전자기는 버럭 소리를 질렀어요.

"야, 수다맨! 나는 머리가 좋아서 맞힌 거라고. 수제자 아니거든?"

"아닌 것 같은데? 잘 맞히는 거 보니까 너도 아재 개그에 소질 있다, 야."

강반달이 조아해에게 맞장구를 쳐 주자, 전자기의 얼굴은 붉으락푸르락해졌어요.

사이로가 떠드는 아이들을 데려간 곳은 창고처럼 생긴 방이었어요. 조아해가 말했어요.

"최신형 놀이 기구인가 봐!"

"가상 현실 체험인가?"

전자기가 맞장구치며 신기한 듯 두리번거렸지요.

그때, 철컥 소리와 함께 문이 잠겼어요. 놀란 아이들은 문을 쾅쾅 두드리며 사이로를 불렀어요. 하지만 문은 열리지 않고 사이로의 말소리만 들려왔어요.

> 삐리삐리. 지금까지 나온 문제는 너무너무 쉬웠습니다.
> 그래서 내가 새 임무를 하나 드리지요.
> 바로 여러분의 힘으로 이 방을 빠져나오는 것입니다.
> 힌트는, 당연히 없습니다!

그러더니 사이로의 발소리가 멀어져 갔어요. 당황한 강반달이 사이로를 목 놓아 불렀지만, 아무 대답이 없었어요. 전자기가 침울한 얼굴로 말했어요.

"그만해. 안 올 거야. 믿는 도끼에 발등 찍힌다더니, 어떻게 이럴 수가 있지?"

그때였어요. 콰르르르 하는 소리와 함께 양쪽 벽이 점점 아이들 쪽으로 다가오기 시작했어요.

"헉! 이게 뭔 일이래? 우리 짜부라지겠어!"

"어떡해! 우리 여기서 죽는 거야?"

강반달과 조아해는 눈물을 글썽이며 울부짖었어요. 전자기도 깜짝 놀랐지만, 곧 단호한 목소리로 둘을 진정시켰어요.

"얘들아, 정신 차려! 호랑이에게 물려 가도 정신만 차리면 산댔어."

그 말에 강반달과 조아해는 조그맣게 고개를 끄덕이며 마음을 가라앉혔어요.

"무슨 방법이 있을 거야. 얼른 이 방을 자세히 살펴보자."

아이들은 다급히 방을 조사하기 시작했어요. 그런데 방 안에 있는 작은 냉장고 쪽을 본 전자기가 무언가 떠오른 듯 손톱을 물어뜯으며 말했어요.

"그래, 이걸 이용하면 빠져나갈 수 있어!"

전자기가 꺼내 든 것은 꽁꽁 언 생수병이었어요.

"정말 이걸로 문을 열 수 있어?"

조아해가 의심스러운 눈초리로 물었어요.

"물은 고체인 얼음, 액체인 물, 기체인 수증기의 세 가지 상태가 있는데, 서로 다른 상태로 변할 수 있어. 고체인 얼음은 일정한 모양이 있고 차가우며 단단하지. 그런데 물이 얼어서 얼음이 되면 무게는 변하지 않지만 부피는 늘어나. 그래서 페트병에 가득 든 물을 얼리면 페트병이 커지면서 단단해져. 이 페트병을 망치처럼 써서 문손잡이를 부수면 돼."

"알았어. 알았으니까 얼른 해. 이제 양쪽 벽이 곧 붙을 것 같아."

강반달이 초조한 얼굴로 말했어요. 아이들은 꽁꽁 언 생수병으로 문손잡이를 힘껏 내리쳤어요. 한 번, 두 번, 세 번……. 얼마나 흘렀을까요? 퍽 하는 소리와 함께 문손잡이가 부서지며 문이 열렸어요.

"와! 문이 열렸다. 잘난 척 대마왕, 고마워."

강반달이 전자기를 보며 미소 지었어요. 조아해도 "미투!" 하고 외치며 마음속으로 중얼거렸어요.

'근데 저 녀석은 어떻게 이런 위급한 상황에서도 머리가 팽팽 돌아가지?'

창고에서 빠져나온 아이들은 또 무슨 일이 생길까 봐 얼른 사이언스 파크의 출구로 달려갔어요. 열쇠로 문을 열고 밖으로 나오자, 요란한 팡파르가 울리며 꽃가루가 날리는 가운데 나영재 아저씨가 손뼉을 치

며 아이들을 축하해 주었지요. 그 모습을 본 아이들은 비로소 다 끝났다는 안도감에 그 자리에 흐물흐물 주저앉아 버렸어요. 깜짝 놀란 나영재 아저씨는 아이들이 괜찮은지 살피며 다급한 목소리로 물었어요.

"애들아, 근데 왜 그래? 어디 다친 거야?"

아이들은 더듬거리며 사이언스 파크에서 있었던 일을 설명했어요. 차분히 앉아 아이들의 이야기를 다 들은 나영재 아저씨는 진심으로 사과했어요.

"큰일 날 뻔했구나. 정말 미안하다. 아무래도 사이로가 고장이 난 것 같다."

"괜찮아요. 오히려 스릴 넘치고 재미있던데요?"

어느새 기운 차린 조아해가 싱거운 농담을 했어요.

"하하, 그렇게 말해 주니 고맙구나. 그나저나 사이로를 얼른 찾아야 할 텐데 걱정이다. 사이언스 파크를 이용하는 사람들에게 도움은커녕 해가 될 테니 말이야. 그런데 사이언스 파크에는 사이로와 비슷한 모습의 안내 로봇이 엄청 많거든. 어쩐다?"

나영재 아저씨가 난감한 표정을 지었어요. 그때 전자기가 갑자기 생각난 듯 물었어요.

"참, 코브라 우리의 문을 연 것도 사이로일까요?"

"아마 그렇겠지."

그러자 강반달이 길길이 뛰며 소리를 질렀어요.

"뭐라고? 그것도 모르고 코브라한테 쫓길 때 도와

줘서 고맙다고 내 팔찌를 사이로에게 채워 줬잖아. 에잇, 어떻게 우리한테 이럴 수 있어? 엉?"

그때 조아해가 "팔찌?" 하고 중얼거리며 콧구멍을 후비더니, 잠시 후 자신만만하게 외쳤어요.

"그래, 팔찌! 이제 사이로를 찾을 수 있겠어."

"아, 그렇구나! 내 팔찌를 차고 있는 안내 로봇만 찾으면 되겠다."

강반달도 펄쩍 뛰며 외쳤어요. 아이들은 나영재 아저씨와 함께 사이언스 파크를 돌아다니기 시작했어요. 하지만 비슷한 안내 로봇 사이에서 사이로를 찾기란 쉽지 않았지요. 힘이 빠진 전자기와 강반달이 주저앉으려는 순간, 조아해가 한곳을 가리켰어요.

"저쪽이야! 사이로가 바로 저기에 있어."

조아해가 가리킨 곳에는 강반달의 팔찌를 찬 사이로가 어디론가 바삐 가고 있었어요. 아이들과 나영재 아저씨는 사이로가 도망가지 못하게 부리나케 달려가 사이로를 무사히 연구실로 데려갔지요. 다행히 모든 것이 잘 해결되었지만, 과학 탐정스에게는 정말 기나긴 하루였어요.

며칠 뒤, 고란 선생님이 세 아이를 부르더니 또다시 봉투 하나를 내밀었어요.

"이게 뭔데요?"

대표로 봉투를 받은 전자기가 묻자, 고란 선생님이 빙그레 웃으며 대답했어요.

"글쎄, 난 모르겠어. 사이언스 파크에서 너희가 만났던 나영재 박사가 준 거야."

전자기는 조심스레 봉투를 열었어요. 그리고 안에 든 것을 꺼내 보더니, 전자기답지 않게 방방 뛰며 큰 소리로 외쳤어요.

"우아, 웬일이야! 사이언스 파크 평생 자유 이용권이야!"

"뭐라고? 정말? 우아아아아!"

강반달과 조아해도 함성을 지르며 펄쩍펄쩍 뛰었어요.

"주어진 임무를 성공적으로 끝내고, 돌발적인 위기 상황도 힘을 합해 잘 극복했으며, 고장 난 사이로까지 무사히 찾아 준 과학 탐정스에게 감사의 표시로 주는 상이래."

고란 선생님이 안경 너머로 환한 눈웃음을 지으며 말했어요.

"아싸! 난 이번엔 토할 때까지 하루 종일 놀이 기구만 탄다!"

조아해가 신이 나서 소리치자, 웬일인지 전자기도 싱글거리며 말했어요.

"잘됐다. 나도 롤러코스터나 다시 한번 제대로 타 봐야지."

"어라? 무슨 바람이 불었어?"

강반달이 눈을 동그랗게 뜨고 물었어요.

"응. 지난번엔 놀라서 못 느꼈는데, 이번엔 제대로 경험해 보려고. 롤러코스터의 위치 에너지와 운동 에너지에 대해서 말이야."

"아이고, 그럼 그렇지. 네가 달리 잘난 척 대마왕이겠냐? 마음대로 해라."

강반달의 말에 모두가 웃음을 터트렸어요. 그런데 이 모습을 스마트폰으로 찍던 조아해가 손을 번쩍 들며 소리쳤어요.

"에이, 잠깐만! 다시 찍어야겠어. 우리가 평생 자유 이용권 받는 장면이 멋지게 나와야 하는데, 포즈가 별로야. 촌스럽단 말이야. 처음부터 다시 찍을 테니까 우아한 포즈 좀 취해 봐."

조아해는 전자기와 강반달에게 이런 포즈, 저런 포

즈를 취하라며 힘들게 했어요.

"오케이, 거기까지!"

귀찮아진 강반달이 막긴 했지만, 전자기도 조아해도 뿌듯하기만 했지요.

그리고 얼마 뒤, 아이들은 또 유명세를 타게 되었어요. '사이언스 파크의 문제를 한 방에 해결한 과학 신동, 과학 탐정스!'라는 머리기사와 함께 아이들의 사진과 활약상을 다룬 기사가 또다시 마을 신문에 실렸기 때문이죠.

"오, 탐정 배지가 멋지게 나왔는데?"

사진을 본 강반달의 말에 전자기가 인상을 찌푸리며 말했어요.

"가는 날이 장날이라고, 하필 내가 손톱을 물어뜯을 때 사진이 찍힐 게 뭐람."

안타까워하는 전자기와 달리 조아해는 행복한 고

민에 빠졌답니다. 왜냐고요? 사람들이 신문을 보고 나면 수다맨 TV의 구독자 수가 더 늘어날 게 확실하니까요.

▲ 이번 사건을 해결한 과학 탐정스 멤버들. 왼쪽부터 조아해, 강반달, 전자기 어린이

33쪽

44~45쪽

71쪽

76쪽

86~87쪽

106~107쪽

과학 탐정스 2권에서는 초등 과학 교과에서 배우는 내용을 만날 수 있어.

제1장
사이언스 파크

- 3학년 2학기 과학 1. 물체와 물질
- 5학년 1학기 수학 3. 규칙과 대응

제2장
출구를 찾아서

- 3학년 1학기 과학 2. 동물의 생활
- 3학년 1학기 과학 3. 식물의 생활
- 5학년 1학기 과학 3. 태양계와 별

제3장
예상치 못한 위험

- 4학년 1학기 과학 2. 물의 상태 변화
- 6학년 1학기 과학 5. 빛과 렌즈

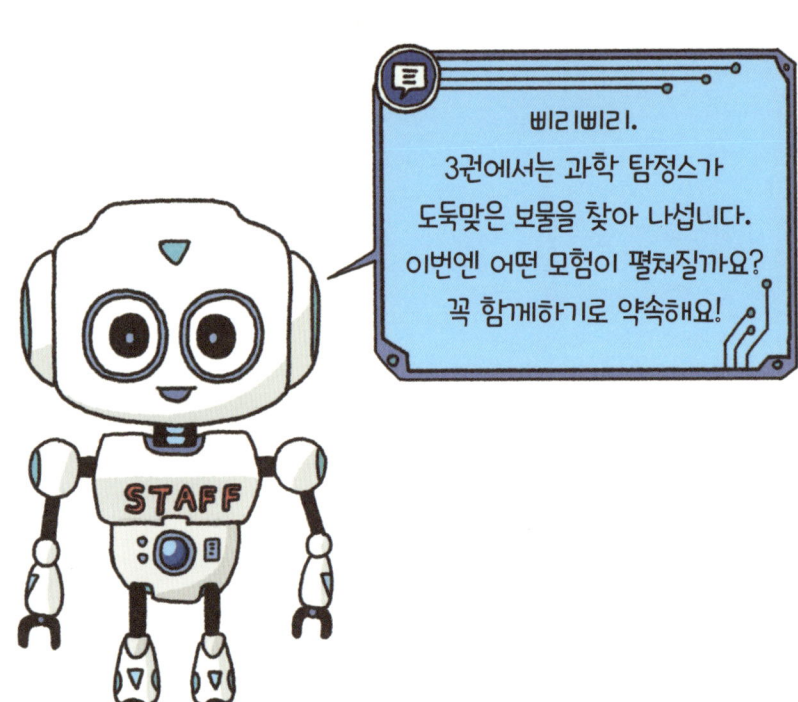